CATALOGUE

DES

OBJETS D'ART

ET D'AMEUBLEMENT

Du temps de l'Empire et du XVIIIe siècle

JOLI BUSTE DE Mme RÉCAMIER

En marbre blanc sculpté par CHINARD

BIJOUX, DENTELLES, MINIATURES, PORCELAINES

Tableaux, Gravures et Dessins

BRONZES ET MEUBLES

Provenant en partie de Mme RÉCAMIER

DONT LA VENTE VOLONTAIRE ET PAR SUITE DE DECÉS

AURA LIEU

HOTEL DROUOT, SALLE N° 11

Le Mercredi 29 Novembre 1893

A DEUX HEURES

Par le ministère de Me Maurice DELESTRE, Commiss^{re}-Priseur
rue Drouot, 27

Assisté de **M. B. LASQUIN**, Expert, rue Laffitte, 12

EXPOSITION PUBLIQUE

Le Mardi 28 Novembre 1893, de 1 heure 1/2 à 5 heures 1/2

PARIS — 1893

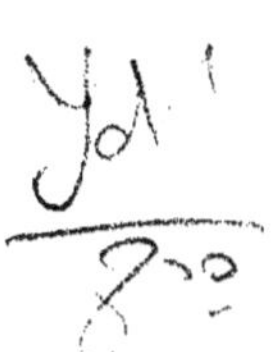

CONDITIONS DE LA VENTE

—

Elle sera faite au comptant.

Les Acquéreurs paieront CINQ POUR CENT en sus des adjudications.

A. MAULDE et Cⁱᵉ, imprimeurs de la Compagnie des Commissaires-Priseurs,
rue de Rivoli, 144.   600—37691

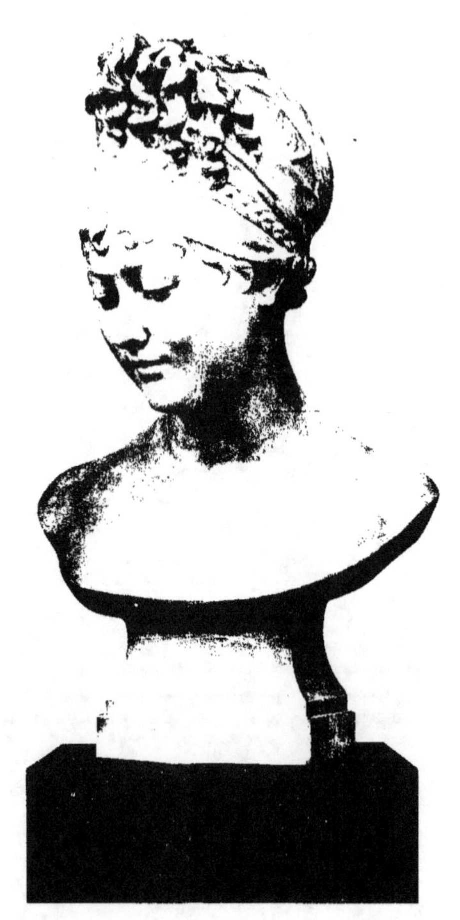

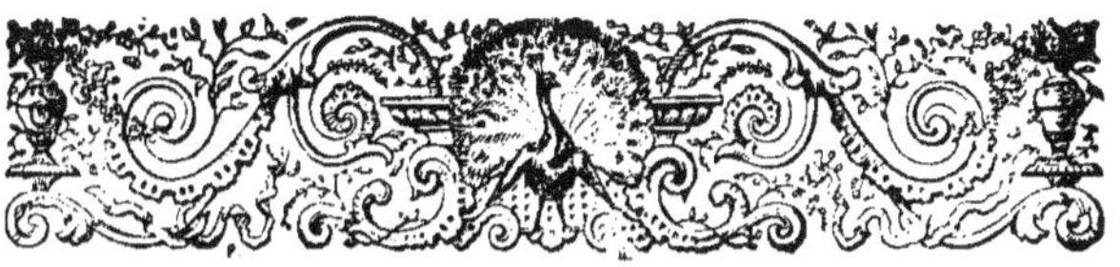

DÉSIGNATION

—

1 —* Portrait de Mme Récamier en marbre blanc sculpté, par CHINARD, de LYON.

Elle est représentée en buste, le col nu depuis la naissance des seins, la tête légèrement inclinée à droite.

La chevelure, imitée de l'antique, enserrée par des bandelettes qui la maintiennent relevée au-dessus de la nuque, forme des boucles coquettes sur le front et sur le haut de la tête.

Les yeux, candidement baissés, et le sourire à demi esquissé sur les lèvres, empreignent ce joli portrait d'un charme inexprimable.

Sur le piédouche carré qui termine ce buste, on lit la signature de l'auteur : *Chinard, de Lyon* , qui l'exécuta pour Mme Récamier.

Hauteur : 56 centim.

Chinard (Joseph), sculpteur, né à Lyon en 1756, mort en 1813, fut membre de l'Académie de Lyon et professeur à l'École de sculpture de cette ville. Il obtint le 1er prix de sculpture en 1786 au Concours de l'académie de Saint-Luc.

Particularité intéressante sur ce buste : Lorsqu'il fut exécuté primitivement par Chinard, il représentait Mme Récamier avec les bras enveloppés d'une draperie qu'elle retenait à la hauteur de la poitrine, laissant le sein gauche découvert. Il fut reproduit ainsi en terre cuite. Brillat-Savarin nous apprend, dans *la Physiologie du Goût,* qu'il était possesseur du buste en argile de sa belle cousine, par Chinard.

Ce fut après quelques années, et à la demande de Mme Récamier elle-même, que l'artiste réduisit ce buste à l'état actuel en supprimant les bras et la draperie, mais sans modifier la tête ni le visage.

MINIATURES, OBJETS DIVERS

2 —* Miniature rectangulaire sur ivoire : Portrait de Mme Récamier, à mi-corps, la tête de face avec chevelure bouclée retombant sur le côté gauche du visage, en robe blanche, la poitrine et les bras nus.
(Provient de Mme Récamier.)

H. 7 cent.; L. 6 cent.

3 —* Miniature ronde sur ivoire : Portrait de la reine Marie Leczinska (attribué à NATTIER), représentée en buste, vêtue d'une polonaise rouge bordée de fourrure, le visage souriant encadré d'une dentelle noire.
(Provient de Mme Récamier.)

Diamètre : 5 cent.

4 —* Miniature ovale sur ivoire, du temps de L. XVI : Portrait d'une jeune Femme, en buste, la chevelure poudrée ornée d'une rose, les épaules recouvertes d'un fichu rose avec corsage blanc à pois.
(Provient de Mme Récamier.)

H. 58 millim.; L. 47 mill.

5 —* Miniature ovale sur ivoire : Portrait de Femme du temps de l'Empire, en buste, de face, chevelure blonde enveloppée d'un voile blanc. Dans un cercle doré sur fond de velours rouge.
(Provient de Mme Récamier.)

H. 5 cent.; L. 4 cent.

6 —* Miniature ovale sur ivoire, signée Dun : Portrait de Caroline Bonaparte, princesse Murat, en buste, corsage rouge, collier de perles autour du cou, coiffure à turban.
(Provient de Mme Récamier.)

H. 60 millim.; L. 50 millim.

7 —* Miniature ovale, signée H. Dahling, 1810 : Portrait du prince Auguste de Prusse.
(Provient de Mme Récamier.)

H. 85 millim.; L. 65 millim.

8 —* Miniature ovale : Portrait de la mère de Mme Récamier. Signée Clémence de Vernède, 1841.
(Provient de Mme Récamier.)

9 — Miniature ronde sur ivoire : Portrait d'une Actrice du temps de l'Empire. Signée Bosio.

10 — Boîte ronde avec miniature sur le couvercle : Portrait de jeune Femme. Signée Courtois, 1795.

11 — Trois Miniatures rondes en grisaille dans le goût de Sauvage.

12 —* Peinture sur porcelaine : Vue du château de Chaumont sur les bords de la Loire.

13 —* Carnet de bal, en forme de petit livre avec plats formant miroirs, en acier poli, encadrés d'ornements et d'écoinçons en cuivre ciselé et doré. Au centre un médaillon ovale en nacre gravée.
(Provient de Mme Récamier.)

H. 86 millim.; L. 60 millim.

14 —* Binocle en argent ciselé et doré.
(Provient de Mme Récamier.)

15 —* Carnet de bal en argent gravé et doré en partie;
il s'ouvre en éventail et renferme des tablettes
d'ivoire.

16 —* Quatre pièces : Croix, Breloque et Intaille.

17 —* Trois Bagues et débris de Bijoux, une petite
Chaînette, Perles fines, Bracelets en cheveux.

18 — Quatre Motifs d'ornements à Cornes d'abon-
dance et Feuillages en argent repoussé du temps de
Louis XVI.

19 — Trois cadres ovales à feuilles de laurier et rubans
en argent repoussé de l'époque Louis XVI.

20 —* Garniture de livre en argent ciselé et découpé à
jour.

21 —* Cinq Planches en cuivre gravé, par BOUILLARD,
pour les *Voyages du jeune Anacharsis en Grèce*,
par l'abbé Barthélemy, plus deux planches : Orphée
et Statue antique.

22 —* Lot de Monnaies anciennes.

23 —* Deux pièces : petit Vase en verre émaillé et doré,
de style arabe, par BROCARD, et un Gobelet en verre
doré à ornements rocaille.

24 —* Dentelles diverses noires et blanches.

PORCELAINES

25 —* Deux Vases de forme Médicis, en porcelaine du
temps de l'Empire. fond gros bleu, ornés chacun de
deux sujets mythologiques peints en couleurs, et de
Motifs de rinceaux exécutés en dorure.
(Proviennent de Mme Récamier.)

26 —* Deux Vases ovoïdes en porcelaine de Sèvres. du
temps de Charles X, à fond brun, décorés en camaïeu
de guirlandes de chêne et de palmettes.
(Proviennent de Mme Récamier.)

27 — Deux petits Vases, forme Médicis, en porcelaine
blanche du temps de l'Empire.

28 —* Cabaret en porcelaine de Sèvres. à fond jaune
d'ocre et ornements dorés, comprenant : neuf Tasses,
une Théière, un Sucrier, un Bol et un Pot à crème.

29 —* Dix-sept Assiettes en ancienne porcelaine de
Chine et quatre Soucoupes.

30 — Bourdaloue en porcelaine de Nast, du temps de
l'Empire.

31 —* Service en porcelaine blanche à filets d'or, aux
chiffres de Mme Récamier, comprenant : quarante
pièces : Soupière, Plats, Assiettes, Compotiers,
Raviers, Pots à crème.

32 —* Deux Corbeilles ajourées en porcelaine de Sèvres,
du temps de Charles X, ornées de dorure.
(Même provenance.)

33 —* Coupe étrusque de forme ronde, à piédouche et
à deux anses, décorée de sujets à figures.

34 — Terre cuite du xviii° siècle, figure allégorique de
la France tenant le médaillon de Louis XV.

35 — Petit Bas-Relief en terre cuite par MARIN : Jeux
d'Enfants sur des nuages.

BRONZES

36 —* Deux jolies Vases en forme d'Aiguières en bronze
ciselé et doré du temps de l'Empire. Le corps du
vase orné de deux figures de muses et d'un trophée
de musique est relié à l'orifice par une anse prenant
naissance sur un mascaron et terminée par une tête
de coq. Le bas de l'aiguière offre un mascaron entouré de rinceaux.
(Provenant de Mme Récamier).

Hauteur : 20 cent.

37 —* Deux Candélabres du temps de l'Empire, composés chacun d'un groupe de trois femmes drapées,
en bronze patiné, adossées à une colonnette supportant six branches et un vase en bronze doré.
Ce groupe repose sur un piédestal en bronze strié
et doré orné d'un bandeau offrant en bas-relief, six
figures antiques. Socles octogones en marbre.
(Proviennent de Mme Récamier).

Hauteur : 61 cent.

38 — Belle Pendule Louis XVI en bronze doré. Elle est
formée d'une sphère contenant un cadran tournant,
contournée par des nuages supportant un coq et une
figure d'amour.

Deux Serpents marquent sur le cadran les heures et les minutes.

Socle carré en marbre brocatelle encadré de moulures de bronze doré.

39 — Deux importants Candélabres Louis XVI, composés chacun d'une figure de jeune femme drapée en bronze patiné.

Chaque figure tient une amphore et embrasse une colonne cannelée supportant un vase d'où s'échappent trois branches de rinceaux porte-lumières et une tige centrale ornée d'un groupe de fruits en bronze doré.

Socles en granit gris et bronze.

40 — Deux belles Aiguières du temps de l'Empire, formées chacune d'un vase ovoïde, en bronze patiné vert, orné d'un culot de palmettes; de trois figures appliques, de chevaux marins et de serpents en bronze doré.

L'anse de forme élégante, est composée d'une femme ailée prenant naissance sur une tête d'enfant en ronde bosse et s'appuyant sur l'orifice du vase. Le bec est orné d'un mascaron. Socles carrés.

41 —* Petit Brûle-Parfum du temps de l'Empire, composé d'une cassolette ronde à couvercle ajouré, en bronze patiné, supportée par trois cygnes élevés sur des pieds droits à griffes et reposant sur une base triangulaire en bronze doré. Au centre de la base est placée une petite urne ovoïde.

(Provient de Mme Récamier).

42 — Pendule du temps de l'Empire en lapis-lazuli, ornée de bronzes finement ciselés et dorés.

43 — Deux Vases ovoïdes en marbre vert, avec garnitures de bronze doré, têtes de femmes et culots à fleurs.

44 — Galerie de Foyer Empire, en bronze doré, à vases et palmettes.

45 —* Pendule de style rocaille en bronze ciselé et doré, surmontée d'un amour tenant une guirlande. Elle repose sur un socle orné de deux autres amours soutenant un écusson.

46 —* Deux Bras Porte-Lampes en bronze doré du temps de la Restauration.

47 —* Bénitier Louis XV en bronze doré, offrant deux figures d'anges dans des ornements.

48 — Pendule régulateur en forme de temple à quatre colonnes, à chapiteaux en bronze ciselé et doré.

49 — Deux Candélabres à six lumières, supportées par une colonne à chapiteau.

50 —* Deux Flambeaux de style Louis XIV en bronze doré.

51 — Statuette de Jockey en bronze doré au mat, monté sur un cheval de course en bronze patiné. Socle en marbre blanc orné de guirlandes en bronze doré.

52 — Écritoire en marbre jaune de Naples, garni de deux godets et d'un petit autel à trépied, surmonté d'une couronne en bronze doré.

53 — Deux Flambeaux Louis XVI en bronze, à tige cannelée.

54 —* Petit Encrier Empire en forme d'un fût de colonne, surmonté d'un chien caniche en bronze doré.

55 — Deux Flambeaux Louis XVI en bronze ciselé et doré, tige cannelée et base à feuilles d'eau.

56 —* Deux Médailles en bronze sur un fond de velours rouge : Isota de Rimini et Michel-Ange.

MEUBLES

57 —* Beau Guéridon du temps de l'Empire en marbre blanc du Languedoc, reposant sur un pied formé d'un palmier et terminé par trois griffons ailés en bronze doré.
(Provient de Mme Récamier .

58 —* Ameublement du temps de l'Empire en bois d'acajou et de citronnier, garni de velours rouge.

Il est composé de deux Bergères, de deux Fauteuils et de deux Chaises, ornés de sphinx ailés et de palmettes sculptés. (Ces meubles ont été exécutés pour Mme Récamier, par Jacob.)

59 —* Petit Secrétaire du temps de l'Empire en bois d'acajou à deux montants, en forme de gaînes, surmontés de bustes des bacchantes en bronze patiné et ornés de palmettes en bronze doré, dessus de marbre.
(Provient de Mme Récamier.)

60 —* Petite Table de nuit Empire en bois d'acajou et de citronnier à colonnettes aux angles, ornée sur la

face d'une figure appliquée de femme drapée et d'un motif ajouré en bronze doré. (A été exécuté pour Mme Récamier.)

61 — Beau Régulateur Louis XVI à caisse en forme de gaine en bois satiné, bois de violette, bois de rose et marqueterie. Un groupe de deux colombes, des feuilles d'eau et deux guirlandes de roses en bronze ciselé et doré garnissent la partie supérieure.

La gaine est ornée d'un médaillon, de jeux d'enfants, signé CLODION, de moulures à feuillages et de rangs de postes en bronze doré.

62 — Petite Table tricotteuse du temps de l'Empire, forme ronde à trois pieds contournés, garnis de sabots en bronze reliés par une tablette.

63 — Grand Chiffonnier à sept tiroirs du temps de l'Empire, en acajou garni d'entrées, de serrures et d'anneaux en bronze ciselé et doré.

64 —* Petite Table pliante en bois d'acajou marqueté à filets, forme rectangulaire à quatre pieds recourbés, reliés par une tablette ovale. (Cette Table provient de Mme Récamier et a appartenu à Chateaubriand.)

65 —* Lit de repos du temps de l'Empire en palissandre marqueté de citronnier et garni de velours rouge.
(A appartenu à Mme Récamier.)

66 — Corbeille montée sur trépied en fer forgé, époque de l'Empire.

67 — Miroir ovale avec bordure en bois sculpté et doré représentant des épis de blé.

68 — Pupitre à musique monté sur trépied en marqueterie hollandaise à fleurs.

69 — Bureau Louis XVI, à quatre faces, surmonté d'un
casier à trois tiroirs, en bois d'acajou, à moulures
de cuivre. Dessus de marbre entouré d'une galerie.

70 — Petite Banquette Empire à deux accotoirs et à six
pieds, en acajou sculpté, à dauphins et palmettes,
garnie de satin rouge.

71 — Six Fauteuils Empire en acajou, garnis de satin
rouge.

72 — Deux Fauteuils Louis XVI forme carrée, en bois
sculpté, à rubans, peint en noir et or, garnis de soie
de l'époque à rayures sur fond rose.

73 — Écran Empire en acajou, sur pieds à griffes. La
feuille à coulisse est en tapisserie au point, à fleurs.

74 — Baromètre de l'ingénieur Gohin, en bois d'acajou,
orné à la partie inférieure de deux bustes antiques
et surmonté d'un fronton coupé supportant un
sphinx en bronze doré. De chaque côté du baromètre
se trouvent deux thermomètres des différents sys-
tèmes Réaumur, Farenheit et Centigrade.

75 — Bureau Louis XV à abattant, de forme contournée en bois de placage.

76 — Commode Louis XVI en bois de rose marqueté,
à filets. Dessus de marbre.

77 — Petite Table à ouvrage Louis XV en marqueterie
de bois, à fleurs, à dessus de marbre.

78 — Bureau Louis XV à cylindre, en marqueterie de bois de rose, à damier, garni de chutes en bronze doré.

79 — Table à jeu de tric-trac Louis XV en bois de rose, garnie de chutes en bronze.

80 — Glace avec bordure Louis XIV en bronze, surmontée d'une figure de femme sur des nuages.

81 — Miroir Louis XIV.

81 *bis* — Petit Œil-de-Bœuf Empire en bronze.

82 — Petite Glace Louis XIV, à cadre en bois sculpté et doré.

83 — Lit Empire en acajou, à battant orné d'une applique et à montants couronnés de groupes de fruits en bronze doré.

84 — Coffret à ouvrage du temps de l'Empire, entièrement plaqué d'ivoire gravé à fleurs et figures.

TABLEAUX, DESSINS, GRAVURES

85 — *Aligny (Th.). Ermite près d'une grotte ombragée par des grands arbres. (Grand dessin à la plume.)

84 — *Bassi (Rome 1816). Dame assise et lisant près d'une fenêtre ouverte sur la campagne.

87 — Boilly (Attribué à). Poussez ferme! (Charmante composition gravée.)

88 —**De la Berge** (1836). Scène enfantine : le petit Blessé. (Dessin.)

89 —**Bodinier** (Rome 1823). Femme endormie dans la campagne de Rome. (Aquarelle.)

90 — **Drolling**. Intérieur de cuisine.

91 —***Gaillard**. La Vierge d'Orléans, d'après RAPHAEL. (Eau-forte avant la lettre.)

92 —***Gaillard**. Portrait de la Sœur Rosalie.

93 — **Ledoux** (Mlle). Jeune Fille en buste.

94 —***Linch**. Deux Dessins sur papier bleu : Vues du Château de Coppet.

95 —***Morin** (C. 1799). Portrait de Mme Récamier.

> Représentée debout adossée à un arbre, vêtue d'une robe blanche, laissant la poitrine découverte. Le bras droit ramenant au côté un pli de la robe, le menton appuyé sur la main gauche, la chevelure bouclée retenue par des bandelettes.
> Au fond du paysage on aperçoit un château au pied d'une montagne. (Forme ovale.)

96 —***Perin** (A.). Italienne allaitant son enfant. Aquarelle.)

97 —***Perin** (A.). Thermes romains. (Aquarelle.)

98 —***Schnetz**. Turc blessé. (Étude peinte.)

99 —* **Gros** (Attribué au baron). Portrait du Prince Auguste de Prusse en buste. dans l'attitude du commandement, les bras tournés vers la gauche.
(Provient de Mme Récamier.)

100 — **Vermuller** (A.). La Rentrée du troupeau.

101 — **Vernet** (Joseph). Entrée de Port de mer avec vaisseaux de guerre et figures. (Bon tableau signé à droite.)

102 — **Sport**. Réunion de six Aquarelles représentant des Chevaux de course des écuries du comte de Cambis, de Lord Seymour, du prince de Beauveau, du comte Depantullins, vainqueurs des prix de courses au Champ-de-Mars, au Bois-de-Boulogne et à la Croix-de-Berny, en 1847.

103 — *Gravures et Dessins divers, Portraits de Mme Récamier et de divers artistes.

104 — Objets non catalogués.

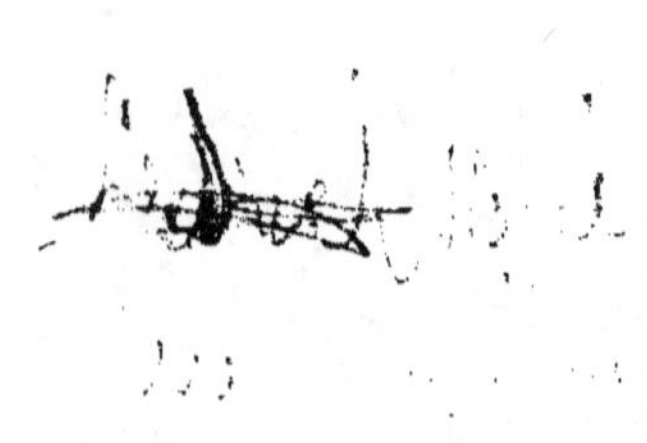

9 782329 536835